L'AVARIE COMMUNE

ET LE FRET

APRÈS L'ABANDON EN MER

DE

L'ÉPAVE

PAR

ALFRED DE COURCY

ADMINISTRATEUR DE LA COMPAGNIE D'ASSURANCES GÉNÉRALES

PARIS

ARMAND ANGER, LIBRAIRE-ÉDITEUR

48, RUE LAFFITTE, 48

1876

L'AVARIE COMMUNE

ET LE FRET

APRÈS L'ABANDON EN MER

DE L'ÉPAVE

Le 22 novembre dernier, on apprenait que le navire norwégien *Lyngoër* abandonné en mer, plein d'eau, à la suite d'un abordage, avait été rencontré flottant, à quelques milles de nos côtes, et remorqué sur la rade de Dunkerque.

Le propriétaire de la cargaison de bois, négociant français, se réjouit naturellement de cette trouvaille. Il se réjouit encore davantage, quelques jours après, en apprenant que la cargaison avait peu d'avaries et avait été vendue fr. 28,000. C'était plus qu'elle n'avait coûté.

Il s'attendait bien à en payer le tiers aux sauveteurs comme indemnité, et s'y résignait aisément. Mais il s'attendait et devait s'attendre à recueillir les deux tiers du produit de sa chose.

Un règlement judiciaire a eu lieu à Dunkerque, et voici que le négociant propriétaire de la cargaison apprend qu'il avait eu bien tort de se réjouir de la trouvaille. Elle ne lui rapporte pas un centime. Les sauveteurs qui ont effectivement sauvé sa chose ne recueillent cependant bien que le tiers du produit de la vente. A qui pense-t-on que passent les deux autres tiers? au capitaine qui avait abandonné la chose en mer. Quant au propriétaire, il ne recueille RIEN.

L'AVARIE COMMUNE

ET LE FRET

APRÈS L'ABANDON EN MER

DE

L'ÉPAVE

PAR

ALFRED DE COURCY

ADMINISTRATEUR DE LA COMPAGNIE D'ASSURANCES GÉNÉRALES

PARIS

ARMAND ANGER, LIBRAIRE-ÉDITEUR

48, RUE LAFFITTE, 48

1876

Il s'étonne et il s'indigne, il crie à la spoliation. On lui explique que c'est la législation francaise, interprétée par le courtier du capitaine norwégien. Le tiers des effets sauvés appartient aux sauveteurs, les deux autres tiers reviennent de droit à l'homme qui les avait abandonnés en mer et qui n'avait rien fait, rien tenté même pour les sauver. Ainsi l'a décidé un jugement du Tribunal de commerce de Dunkerque, adoptant l'interprétation du courtier du capitaine.

Le négociant français continue de s'étonner, et convaincu que ce ne peut être qu'une erreur judiciaire, il demande justice à la Cour d'appel de Douai.

Mis en possession des documents de cette étrange affaire, je m'étonne et je m'indigne aussi. *A priori*, avant tout examen, j'ai le sentiment qu'il n'est pas possible que la législation française aboutisse à une pareille spoliation. Si telle pouvait être notre législation, il n'y aurait pas à hésiter, il faudrait en réclamer d'urgence la réforme.

Mais j'étudie les textes, je les rapproche des faits, et je me convaincs bientôt que notre législation est innocente du résultat monstrueux qu'on lui a fait produire. Il n'y a ici, grâce à Dieu, qu'une simple erreur judiciaire, facile à réparer.

Le but du présent écrit est de rectifier l'interprétation erronée de quelques textes, et de venger par là notre législation.

L'AFFAIRE

DU

NAVIRE NORWÉGIEN "LYNGOËR"

Le navire *Lyngoër*, allant d'Hernosand à Dieppe, avec un chargement de bois, fut abordé en mer le 20 novembre, dans la mer du Nord, au milieu d'un coup de vent. Suivant le rapport du capitaine, le choc eut pour résultat « de » remplir d'eau, presque immédiatement, » le *Lyngoër*, en brisant quelques vergues » et bras, mettant les voiles en pièces et » lui faisant d'autres pertes et dommages » sérieux. Le navire dérivait fortement » vers la côte sous le vent. »

Le capitaine ajoute aussitôt :

« Pour éviter de chavirer, ils furent
» obligés de couper les mâts et tout le
» gréement. »

Il continue :

« Comme le navire était plein d'eau
» et non manœuvrable et dérivant forte-
» ment vers les côtes de Belgique, le
» comparant, *après avoir consulté son équi-*
» *page*, décida pour la préservation de
» leur vie de le quitter, et héla en
» conséquence plusieurs bateaux de
» pêche. »

En effet, il se réfugie à bord d'un
bateau de pêche qui le débarque le
lendemain à Ramsgate. Il a, sans aucun
esprit de retour, abandonné en mer son
navire plein d'eau.

Ainsi, trois phases d'un seul et unique
événement, l'abordage. C'est l'abordage
qui a rempli d'eau le navire en le

rendant ingouvernable et dérivant fortement vers la côte. L'équipage, craignant
de le voir chavirer, coupe les mâts et
tout le gréement. Est-ce là un *sacrifice*,
un dommage souffert volontairement pour
le bien et salut commun du navire et
des marchandises ? Nullement, le salut
du navire et le salut de la cargaison sont
bien ce à quoi on songe le moins. L'abandon du tout est déjà résolu et aussitôt que
les mâts ont été coupés on hèle les
bateaux de pêche.

Si le capitaine avait songé à sauver le
navire et la cargaison, il serait resté sur
l'épave. Il n'y avait plus danger de
chavirer, il n'y avait pas danger de
couler, vu la nature du chargement. On
était au commencement du jour, par un
temps clair, sur la route de très-nom-
breux navires, on pouvait être rencontré
par un bateau à vapeur. Je veux bien ne

pas reprocher au capitaine, quoique l'événement ait prouvé qu'il se trompait, d'avoir jugé que l'épave dérivant fortement vers la côte il y avait péril pour sa vie à ne pas la quitter. Je constate seument qu'il n'a pas fait le moindre effort pour la sauver. Le bris de la mâture a été mesure de salut personnel, non de salut commun, et le caractère de *sacrifice* lui a manqué.

La délibération aussi a manqué. D'après l'article 410 du Code de commerce, le capitaine, avant de couper ses mâts, doit prendre l'avis des intéressés au chargement qui se trouvent dans le vaisseau et des principaux de l'équipage. Il n'en a rien fait. La consultation de l'équipage n'apparaît qu'après les mâts coupés et pour effectuer l'abandon.

Quand une mesure hâtive a eu le caractère manifeste de sacrifice dans l'intérêt commun, je n'aime pas à opposer l'absence du formalisme de la délibération. Mais je ne m'en fais ici aucun scrupule, puisque j'établis qu'il n'y a eu aucun sacrifice, aucun dommage volontairement souffert pour sauver quoi que ce soit. Le fond et la forme excluent pareillement l'avarie commune.

Le capitaine n'a été débarqué que le lendemain matin à Ramsgate. Il a donc passé toute la journée du 20 à bord du bateau pêcheur. Le temps était clair, il est impossible qu'il n'ait pas rencontré de nombreux navires et des bateaux à vapeur dans ces parages. A-t-il signalé l'épave du *Lyngoër*, manifesté la moindre intention, le moindre espoir de la sauver? Pas plus après qu'avant l'abandon. La perte totale, dans sa pensée, était absolue.

Il n'a pas même songé à ménager aux intéressés un recours contre l'abordeur.

Cependant l'abordage a certainement été de la faute de quelqu'un. Les deux navires étaient en vue l'un de l'autre depuis au moins dix minutes, et observaient réciproquement leurs feux. Il faisait clair de lune. Il y avait *grosse mer*, c'est l'expression du rapport. Grosse mer, c'est un état fort vulgaire et fort ordinaire au mois de novembre. Tous les bateaux de pêche tenaient la mer et étaient en pêche, il n'y avait aucune difficulté à évoluer et à manœuvrer pour éviter l'abordage, surtout par un clair de lune et quand les deux navires s'observaient depuis dix minutes. L'abordage n'a donc pas été fortuit, comme il arrive trop souvent pendant le brouillard, il a été certainement fautif, et ici le capitaine du *Lyngoër* ne peut pas échapper à un dilemme : ou c'est lui qui s'est senti en faute, et il s'interdit par là toute réclamation, même pour le fret, contre la cargaison, ou, s'il s'est cru irréprochable, il a dû accuser l'autre navire et l'attaquer. Il n'en a encore rien fait et il a consommé l'abandon de tous les intérêts qui lui étaient confiés.

Cependant le *Lyngoër*, ainsi abandonné sans aucun esprit de retour, le 20 novembre au matin, comme ne pouvant plus offrir aucun abri à l'équipage, est rencontré deux jours après, le 22, par un bateau à vapeur, le *Scaham*, qui le prend à la remorque et le conduit dans le port de Dunkerque. C'est la trouvaille en mer prévue par l'Ordonnance. Le tiers de la valeur des objets sauvés appartient légitimement aux sauveteurs. En effet, on vend le tout et on remet aux sauveteurs le tiers des produits.

Il semble qu'il vá ètre bien simple de

**

remettre aux propriétaires de la cargaison les deux tiers du produit de la cargaison, moins les deux tiers du fret dont s'est augmentée sa valeur. Les propriétaires du navire recevront de leur côté les deux tiers du produit du navire et les deux tiers du fret. La pensée ne comprend pas d'autre justice distributive. Le bon sens de l'homme le plus étranger à la marine se rencontrerait ici avec le bon sens des dispacheurs de profession. Seulement, les propriétaires de la cargaison auraient à examiner s'il n'y aurait pas lieu pour eux de rendre le capitaine du *Lyngoër* responsable soit de l'abordage lui-même, soit de l'abandon prématuré, et de se faire indemniser au moyen des produits du navire et du fret.

Point du tout, les choses se passent autrement. Le capitaine, qui pourrait être

attaqué, attaque. Qui attaque-t-il ? Est-ce
le capitaine du navire abordeur, lequel
se trouve précisément, par une singulière
coïncidence, réfugié à Dunkerque ? Non,
les deux capitaines sont compatriotes,
peut-être amis. J'incline à croire qu'ils
ont le même courtier, qui par égard pour
sa clientèle norwégienne dissuade de ces
procès irritants entre Norwégiens (1). Il
est moins dangereux d'attaquer un Français, un négociant dieppois qui ne peut
pas être un client à Dunkerque. Et l'on
attaque le négociant dieppois, propriétaire de la cargaison, et l'on réussit à
faire adjuger au capitaine norwégien qui
avait abandonné en mer la cargaison, à
peu près tout le produit de la cargaison.
C'est invraisemblable, cela semble im-

____

(1) Ce que j'écrivais ici comme conjecture
s'est vérifié. Les deux capitaines avaient le même
courtier.

possible et insensé. C'est l'iniquité qu'on serait parvenu à consommer, grâce à la fausse interprétation de quelques articles du Code de commerce, s'il n'y avait pas une Cour de redressement des iniquités et des fausses interprétations de la loi.

A la vérité, l'on savait que le négociant dieppois était désintéressé par ses assureurs, qu'on n'attaquait et ne dépouillait en réalité que des assureurs, gens médiocrement intéressants. Je supplie la Cour de faire abstraction de cette pensée, et d'ignorer en quelque sorte que le propriétaire de la cargaison a été désintéressé par ses assureurs. Ce n'est pas une question d'assurance que je discute ici, c'est une question de répartition. Pour l'apprécier, et pour comprendre combien est inique le résultat du jugement du Tribunal de Dunkerque, il faut l'apprécier au point de vue du propriétaire de la cargaison, supposé non assuré, et qui se trouve dépouillé de tout le produit de la cargaison dont il avait cru retrouver les deux tiers. C'est au nom de ce propriétaire spolié par l'homme même à qui il avait confié sa cargaison que je demande justice.

Comment a-t-on pu parvenir à un aussi lamentable résultat ? Par une prétention d'avarie commune. Ce capitaine, qui avait précipitamment abandonné la cargaison, voici qu'apprenant qu'elle a été retrouvée il se retrouve lui-même et vient prétendre que c'est à lui qu'on en doit le salut, à lui parce qu'il avait opportunément coupé ses mâts, de crainte de chavirer. Il se transforme ainsi, après coup, en sauveteur de la cargaison, dont il réclame le produit, en indemnité de sa mâture coupée.

Cette prétention est intolérable. J'ai déjà dit qu'elle n'est admissible ni dans la forme ni au fond. Pour la forme, la déli-

***

bération de l'équipage, exigée par les articles 400 et 410 du Code de commerce, a manqué. Au fond, il n'y a même eu aucune intention de salut de la cargaison, aucun dommage volontairement souffert, aucun sacrifice. Quand la résolution d'abandonner l'épave est déjà prise, ce n'est pas un sacrifice que de se débarrasser de débris de mâture qui menacent de faire chavirer l'épave, dans un souci exclusif de salut personnel. Sous un autre rapport ce n'est ni un sacrifice ni un dommage, parce que ce dont on se débarrassait au moment d'abandonner l'épave n'avait absolument aucune valeur. Quelle est la valeur de partie d'un tout qu'on abandonne, quand le tout même ne vaut rien ?

Donc, le principe de l'avarie commune fait défaut.

Je pourrais m'en tenir là, et c'est en effet le véritable nœud du procès. Mais l'on a argumenté, pour et contre le capitaine, des dispositions des articles 423, 424 et 425 du Code de commerce, lesquelles paraissent un peu confuses et contradictoires, et je suis amené à dire ce que je pense de ces dispositions. Dans ma profonde conviction, elles ne s'appliquent aucunement à l'espèce, ni même à aucun cas de sacrifice volontaire soit de la mâture soit du navire. Elles ne s'appliquent qu'au *jet* des marchandises de la cargaison, et le mot *jet* y a repris sa signification naturelle, qui ne comprend pas certainement des mâts coupés, des voiles défoncées, des ancres abandonnées, non plus que le fait d'échouer volontairement le navire à la côte. C'est faute d'avoir aperçu cette distinction qu'on s'est livré à tant de discussions sur l'article 425, dont la jurisprudence la plus autorisée est arrivée à violer la lettre expresse en bien des cas d'innavigabilité du navire, avec raison suivant moi, puisque je suis d'avis que l'article ne s'applique pas aux sacrifices volontaires du navire.

Je m'explique.

La distinction était clairement indiquée à l'article 400, qui déclare avaries communes :

2° Les choses qui sont *jetées* à la mer.

3° Les câbles ou mâts *rompus* ou *coupés*.

4° Les ancres et autres effets *abandonnés* pour le salut commun.

C'est dire nettement, ce qui est d'ailleurs manifeste, qu'autre chose est de *jeter* des choses à la mer, autre chose de *couper* des mâts, autre chose d'*abandonner* des ancres.

Le législateur passe, sur un titre spécial, le titre XII, aux règles du *jet*. D'un bout à l'autre du titre, qui comprend vingt articles, il n'est question que du *jet* ou de la perte des marchandises. Seulement, par une redondance fâcheuse, d'où naît la confusion, l'article 410 a rappelé sans aucune utilité quelconque que le capitaine pouvait couper ses mâts ou abandonner ses ancres.

Qu'on veuille bien relire avec soin cet article 410, ainsi conçu :

« Si par tempête ou par la chasse de
» l'ennemi, le capitaine se croit obligé,
» pour le salut du navire, de jeter en mer
» une partie de son chargement, *de couper*
» *ses mâts ou d'abandonner ses ancres*, il prend
» l'avis des intéressés au chargement qui
» se trouvent dans le vaisseau et des
» principaux de l'équipage; s'il y a diver-
» sité d'avis, celui du capitaine et des
» principaux de l'équipage est suivi. »

De bonne foi, le législateur a-t-il pu songer à enjoindre au capitaine de consulter un chargeur qui se trouve à son

bord, sur l'opportunité de couper un mât
ou d'abandonner une ancre? Non pas
certes, ce serait une pensée ridicule. Il
est rationnel au contraire de consulter et
d'avertir les chargeurs présents avant de
jeter leurs choses à la mer, d'autant plus
rationnel que l'article 411 va recomman-
der de jeter de préférence les choses de
moindre prix, et que les chargeurs présents renseigneront sur le prix des choses,
ignoré du capitaine.

Qu'on suppose supprimés de l'article
410 les mots que j'ai soulignés, *de couper
ses mâts ou d'abandonner ses ancres*, les articles 410 et 411 s'harmonisent aussitôt,
entre eux et avec tous les autres articles
du même titre. Ces mots sont inutiles,
puisqu'ils répètent ce qui est énoncé à
l'article 400. Ils sont fâcheux, parce que,
simplement inutiles à leur place, ils de-
viennent gênants et troublent l'entende-

ment lorsqu'on essaie dans la discussion des autres articles du titre XII relatifs au *jet* d'assimiler au *jet* la rupture volontaire des mâts ou l'abandon des câbles ; la langue usuelle et la langue maritime résistent à cette assimilation, et jamais dans la pratique ces sacrifices de mâts ou de câbles ne recevront le nom de *jet*.

Aussi ma conviction est que, notamment, les articles 423, 424 et 425 ne s'appliquent qu'au cas de *jet* de marchandises.

En voici une preuve bien sensible : la rupture des mâts suffit pour réduire le navire à l'état d'innavigabilité. Un navire sans mâts est innavigable. Quand l'article 425 dit : « Les marchandises ne contribuent point au paiement du navire perdu ou réduit à l'état d'innavigabilité,» ce serait donc la négation de l'avarie commune et du principe général de l'article 400.

Cependant, quand un capitaine, dans l'intérêt de la cargaison qui va sombrer avec le navire, délibère de couper les mâts ou même d'échouer volontairement le navire au milieu des brisants, sachant qu'il perd le navire, quand par là il sauve la cargaison en sacrifiant le navire, c'est bien là le principe de l'avarie commune. La jurisprudence a hésité, en présence du texte embarrassant de l'article 425. Elle n'eût pas hésité si elle avait reconnu que l'article 425 ne s'applique qu'au *jet*. Pour moi, je n'hésite pas, c'est le sacrifice volontaire, couronné de succès, qui crée le droit à l'indemnité du sacrifice et qui est le principe de l'avarie commune. Seulement il y a lieu d'apprécier la valeur de ce que le capitaine sacrifie effectivement, et, par exemple, la mâture qu'on coupe lorsque le navire est engagé et près de chavirer a bien peu de valeur, le navire lui-même qu'on lance sur la plage lorsqu'il est au moment de sombrer a bien peu de valeur. La cargaison sauvée ne doit que l'indemnité du sacrifice fait à son salut, elle ne doit pas un navire neuf en remplacement du navire désemparé ou en perdition.

Examinons donc les articles 423, 424 et 425 au point de vue du *jet* des marchandises. On va voir comme la confusion cesse et comme s'effacent les contradictions apparentes.

L'article 423 porte :

« Si *le jet* ne sauve le navire, il n'y a
» lieu à aucune contribution : les mar-
» chandises sauvées ne sont point tenues
» du paiement ni du dédommagement
» de *celles qui ont été jetées* ou endomma-
» gées. »

Il s'agit ici du navire qui était échoué ou menacé de faire naufrage lorsque le capitaine a essayé de conjurer le péril en allégeant le navire au moyen du *jet*. Le *jet* n'a pu empêcher le naufrage ou le navire ne s'est pas relevé. Or il faut deux conditions à l'avarie commune : l'effort pour conjurer un péril par un sacrifice et le succès. L'effort ne suffit pas. L'effort n'ayant pas réussi, tout redevient fortuit, et s'il y a quelques marchandises sauvées du naufrage, chacun recueille ses épaves.

Dans le cas de l'article 424, au contraire, l'effort a réussi. Le navire, allégé par le *jet* des marchandises, a pu se relever et a continué sa route. Le principe de l'avarie commune est acquis. Un autre événement survient qui fait périr le navire. La loi dispose que les marchandises sauvées n'en contribueront pas moins au *jet*, mais elle se hâte d'ajouter, article 425, qu'elles ne contribueront pas au paiement du navire perdu par un événement fortuit.

On le voit, les articles 423, 424 et 425,
qui ne concernent que le jet des marchandises, sont sans application à l'espèce
du *Lyngoër*, où il n'y a pas eu de
jet de marchandises. Telle est ma conviction très-vive et doctrinale. Mais si
l'on veut qu'ils s'y appliquent, leur texte
repoussera péremptoirement la prétention
du capitaine. En effet, le bris de la
mâture n'a pas sauvé le navire, qui a
été aussitôt abandonné sans esprit de
retour. Le navire n'a pas continué sa
route et n'a pas péri par un événement
fortuit ultérieur. Enfin, il n'a été retrouvé
et remorqué, à Dunkerque, qu'à l'état
d'innavigabilité. Le jugement dit bien
vainement que l'innavigabilité n'a pas
été juridiquement constatée. On n'a
même pas pris la peine de la constater,
personne ne la contestant. Quand un
navire de 376 tonneaux de jauge est vendu

publiquement 6,000 francs, quelle meilleure preuve d'innavigabilité peut-on demander ?

Dans les précédents de la jurisprudence, on découvre une espèce, vieille de quarante ans, qui a de l'analogie avec celle du *Lyngoër*. Deux jugements du Tribunal de commerce de Marseille, en date des 8 mars et 2 mai 1837, ont admis une contribution au sacrifice de la mâture du navire *les Enfants chéris*, bien que le navire eût été ensuite abandonné, puis rencontré en mer et ramené par des sauveteurs. Je ne crains pas de signaler ce précédent à mes adversaires. Les chiffres étaient de si peu d'importance, qu'il n'y a pas eu appel. Les propriétaires de la cargaison, d'ailleurs, dispensés de payer aucun fret, recueillaient un sauvetage considérable et n'étaient pas dépouillés comme ceux de la cargaison

du *Lyngoër*. Il y avait en outre, en
faveur du capitaine des *Enfants chéris,*
cette différence notable qu'il n'avait
sacrifié sa mâture qu'après délibération
de l'équipage, pour le bien et salut
commun. Après le sacrifice de la mâture
il était encore resté deux jours à son
bord. Rencontrant un autre navire, il
avait tenté de se faire remorquer pour
sauver sa cargaison, et ne s'était décidé
à l'abandonner que sur le refus de la
remorque. Il y avait donc eu une série
d'efforts, il n'y en a pas eu le moindre
de la part du capitaine du *Lyngoër*
dont la situation est infiniment moins
favorable. Mon avis est cependant que le
Tribunal de commerce de Marseille s'est
trompé comme s'est trompé le Tribunal de
Dunkerque. Le Tribunal de Marseille tom-
bait même dans une très-singulière con-
tradiction. Il refusait tout fret au capi-

taine des *Enfants chéris*, parce que le navire avait été abandonné en mer, après quoi il l'admettait nonobstant cet abandon à réclamer des avaries communes. C'est le contraire que j'estime juridique. L'abandon en mer est exclusif d'une demande d'avaries communes. Il n'est pas exclusif d'un sauvetage de fret sur la chose retrouvée, — pourvu, bien entendu, d'une part que l'abandon ait été irréprochable, d'une autre que le fret soit réduit en proportion de l'indemnité des sauveteurs.

Dans le règlement de Dunkerque, qui, la remarque est bonne à noter, est dressé *par le courtier du capitaine*, il y a, sous ce dernier rapport, une erreur très-grave, qui concourt à la spoliation de la cargaison. Le fret entier est alloué au capitaine, sans subir la réduction du tiers des sauveteurs, en sorte que le chargeur, qui ne reçoit, qui n'a sauvé que les deux tiers de sa chose, se trouve payer le fret du tiers qui est perdu pour lui.

Je ne connais pas d'anomalie plus choquante. Je sais bien qu'on me citera des précédents, des monuments de jurisprudence qui l'ont décidé ainsi. Je ne cesserai pas de réclamer contre une décision qui me paraît moins encore une erreur juridique qu'une erreur arithmétique.

Quand des sauveteurs trouvent une épave en mer, ils ont droit à s'approprier le tiers de ce qu'ils ont sauvé, ils ne remettent aux propriétaires que les deux autres tiers. Pour eux, évidemment, la question du fret qui peut être dû, suivant la charte partie qu'ils ignorent, suivant la législation propre à chaque nation, est indifférente et étrangère. Ils ne connaissent que la matérialité des objets recueillis, dont le tiers leur appartient.

Lorsque l'appropriation en nature est possible, elle a lieu quelquefois. C'est le droit et ce peut être l'intérêt des sauveteurs. Il est clair, par exemple, que si un bateau à vapeur qui a besoin de charbon a la bonne fortune de rencontrer et de remorquer dans un port un navire abandonné chargé de 600 tonneaux de charbon, le capitaine n'hésitera pas à prendre pour son indemnité 200 tonneaux du précieux combustible qui lui fait défaut. Il ne remettra donc au propriétaire de la cargaison, ou ne laissera soit à bord de l'épave, soit en magasin que 400 tonneaux, et il se hâtera de reprendre la mer, emportant les 200 tonneaux qu'il va consommer.

Survient le capitaine ou l'armateur du navire abandonné, réclamant son fret : sur quoi pourra-t-il le réclamer? Évidemment sur les 400 tonneaux qui seuls existent, qui seuls sont sauvés. Les 200 autres tonneaux n'existent plus, et n'ont jamais été à la disposition du propriétaire de la cargaison, ils ont toujours été perdus pour lui. Ce n'est pas seulement le bon sens qui dit que le fret ne pourra être dû que sur 400 tonneaux, c'est aussi le texte formel de l'article 302 du Code de commerce : « *Il n'est dû aucun fret* pour les marchan- « dises *perdues par naufrage,* etc. » Les 200 tonneaux ont bien été perdus, irrévocable- ment perdus par le naufrage. Qu'importe au propriétaire qu'ils aient été sauvés pour autrui puisqu'ils ne l'ont pas été pour lui? Autant vaudrait dire qu'une cargaison prise par des pirates ou par l'ennemi est une cargaison sauvée parce qu'elle a pro- fité à quelqu'un.

Si c'est déjà si sensible lorsque l'in- demnité est du tiers, qu'est-ce donc lors- qu'elle est d'une quotité supérieure? J'ai vu des indemnités de sauvetage fixées au taux de 40, de 50, de 60 0/0. J'ai vu passer des traités avec des sauveteurs à qui l'on promettait, en raison des frais et des risques de l'entreprise, jusqu'à 75 0/0 des objets sauvés. Dans cette hypothèse, le propriétaire de la cargaison de 600 tonneaux de charbon, en supposant que l'opération eût pleinement réussi, aurait recouvré 150 tonneaux de charbon mouillé. Le capitaine, absolument étranger au sauvetage, ne s'étant manifesté que par l'abandon précipité de ce qui lui était confié, ne se montrant de nouveau qu'après le sauvetage terminé, serait donc fondé à lui réclamer le fret de 600 tonneaux comme s'il lui livrait 600 tonneaux à quai? Le seul énoncé d'une telle prétention n'en démontre-t-il pas l'injustice et l'absurdité?

Hé bien, c'est triste à dire, j'ai vu de ces prétentions se produire sérieusement, je les ai vues admises dans des liquidations, j'ai vu des capitaines dévorer ainsi sous prétexte de fret la totalité du produit des marchandises sauvées. Et que l'on ne se récrie pas: c'est la prétention du capitaine du *Lyngoër*. On s'est arrêté au produit net des choses sauvées, pourquoi? Il faut oser aller plus loin encore dans cette voie, la logique y oblige. Si le fret est dû pour toute la cargaison matériellement arrachée à la mer, il est dû par le chargeur, qui ne peut pas, article 310, abandonner pour le fret les marchandises. Il faut donc attaquer personnellement le chargeur, et le faire condamner à payer le prix du transport de 600 tonneaux de charbon livrés à quai, alors qu'il a recueilli sur une plage 150 tonneaux de charbon submergé. A ma connaissance, on n'est pas allé jusque-là, on a bien voulu se contenter de prendre le produit de 150 tonneaux. C'est déjà beaucoup trop, mais je regrette en vérité qu'on n'ait pas poussé la prétention à outrance en attaquant personnellement le chargeur. Ce serait à mes yeux tout aussi raisonnable.

Si j'avais à refaire la législation de la matière, je refuserais tout fret au capitaine qui aurait abandonné la chose et n'aurait pas coopéré à son sauvetage. Cette disposition, équitable et morale, existe dans quelques législations, et l'on se rappelle que le jugement du Tribunal de commerce de Marseille du 8 mars 1837 se prononce comme si elle existait dans la nôtre. J'ai le regret de ne l'y point lire, conséquemment je ne refuse pas tout fret au capitaine, mais je lui demande du moins de ne le réclamer que sur les marchandises qui peuvent être mises en la possession du propriétaire.

Maintenant, que l'indemnité soit prise en nature par les sauveteurs, ou que les objets sauvés soient vendus publiquement et que l'on remette aux sauveteurs le tiers, la moitié ou les trois quarts du produit, où est la différence pour le propriétaire? Il a pareillement perdu par un naufrage la portion de ses marchandises dont le prix est emporté par les sauveteurs, il ne recueille que le solde et ne peut devoir de fret que sur le solde. Ainsi, dans l'espèce du *Lyngoër*, la cargaison de bois a été

vendue . . . . Fr.   27.996 75

dont le tiers, ou. 9.332 25

a été remis aux sauveteurs.

Produit des deux tiers. Fr.   18.664 50

C'est exactement la même chose que si les sauveteurs ayant pris en nature le tiers des bois, le propriétaire avait été mis en possession des deux autres tiers qu'il aurait pu vendre pareillement.Fr. 18.664 50

Aussi le règlement de cette affaire, qu'on a si malencontreusement embarrassée de discussions judiciaires, aurait dû être d'une simplicité extrême. Le propriétaire de la cargaison recevant la somme ci-dessus de . . Fr. 18.664 50 payait au capitaine les 2/3 de. . . . . Fr. 9.324 08 montant du fret de toute la cargaison, ou 6.216 05

Il recueillait net. . . Fr. 12.448 45

Le propriétaire, ou l'assureur, du navire naufragé, réduit à l'état d'innavigabilité, recevait :

Le prix de la vente de l'épave . . . . Fr. 6.530 50 dont il remettait le tiers aux sauveteurs, ou. 2.176 80

Net . . . . Fr. 4.353 70

plus le fret ci-dessus. . . . 6.216 05

Total.. . . . . . Fr. 10.569 75

Voici, par un autre raisonnement, à la fois la preuve morale et la preuve arithmétique de cette opération.

Les sauveteurs ont sauvé une valeur totale de

Fr.	27.996 75	valeur de la cargaison rendue à Dunkerque et comprenant le fret de 9,324 fr. 08 c.
	6.530 50	valeur de l'épave du navire, dont il leur est
Fr.	34.527 25	dû le tiers, ou
Fr.	11.509 05	en sorte qu'il restera
	23.018 20	net à répartir.
Fr.	34.527 25	

La somme de
Fr. 23.018 17 a répartir se distribue comme suit :

Fr.   12.448 45   au propriétaire de la
cargaison.

10.569 75   au propriétaire du navire.

Fr.   23.018 20   Somme égale.

Et, en effet, la valeur totale sauvée se décomposait, en réalité, comme suit, entre les deux intérêts :

A la cargai-
son . . . . Fr.   27.996 75
Moins le fret.   9.324 08

Intérêt de la
cargaison. . Fr.   18.672 67
au navire : sa
valeur . . . Fr.   6.530 50

Le fret ci-
dessus.. . . . . .   9.324 08

Fr.   15.854 58

Somme égale . . Fr.   34.527 25

Chacun de ces intérêts paie le tiers aux sauveteurs et recueille net les deux tiers, savoir :

La cargaison. . . . . . Fr.   12.448 45
Le navire. 10.569 75

Somme égale répartie. Fr.   23.018 20

Un écolier intelligent, un bon comptable, ignorant du droit maritime, aurait établi ainsi la liquidation. Il y a longtemps que je ne suis plus un écolier, et peut-être m'est-il permis de dire que je ne suis pas un ignorant en droit maritime. Je déclare que, dans ma plus profonde conviction, cette liquidation est la seule correcte et la seule juridique. Quant aux prétendues avaries communes qui n'ont jamais existé, à l'évaluation fantastique de fr. 21,826 pour le sacrifice

de la mâture (1) ; enfin, à la prétention au fret de toute la cargaison, indé-
pendamment des raisons de droit que
j'ai déduites, je juge tous ces efforts par
le résultat. Le résultat est de dépouiller
entièrement le propriétaire de la cargaison, le résultat est de faire passer la
totalité du produit net de la cargaison
aux mains du capitaine étranger qui l'a
abandonnée en mer, qui n'a tenté aucun
effort pour la sauver, aucun effort non

---

(1) Je ne critique pas du tout l'évaluation des
experts. J'admets parfaitement qu'il aurait fallu
dépenser cette somme pour refaire à Dunkerque
une mâture et un gréement à un trois-mâts
376 tonneaux. Les experts n'ont pas dit autre chose.
Mais je soutiens qu'au moment du prétendu sacrifice, la mâture, déjà endommagée par l'abordage
d'un navire désemparé, plein d'eau, qu'on était
résolu à abandonner, ne valait rien et qu'on ne
sacrifiait rien.

plus pour obtenir un recours contre l'abordeur, dirigeant tous ses efforts contre le négociant français qui a eu le tort de lui confier une cargaison.

FIN.

IMPRIMERIE CENTRALE DES CHEMINS DE FER. — A. CHAIX ET Cie, RUE BERGÈRE, 20, A PARIS. — 11026-6.

IMPRIMERIE CENTRALE DES CHEMINS DE FER. — A. CHAIX ET Cie,
RUE BERGÈRE, 20, A PARIS. — 11028-5.

www.ingramcontent.com/pod-product-compliance
Ingram Content Group UK Ltd.
Pitfield, Milton Keynes, MK11 3LW, UK
UKHW021644090726
13657UKWH00004B/1742